I0080759

LZ K
3490

*À M.r Lardier homme de lettres
conserver la couvre...*

I.K 3490

LA

SAINTE-BAUME,

Description

PHYSIQUE ET HISTORIQUE,

PAR

FORTUNÉ CHAILAN.

MARSEILLE,

CHEZ V.e CAMOIN, LIBRAIRE, PLACE ROYALE.

1839.

LA
SAINTE-BAUME.

HAPP

Sᵗᵉ BAUME.

Vue du Couvent

Lith Canquoin et Simon Sᵗ Fiacréd 78.

LA
SAINTE-BAUME,

Description

PHYSIQUE ET HISTORIQUE,

PAR

FORTUNÉ CHAILAN.

ACQUISITION
N.º 41420

MARSEILLE,

CHEZ V.ᵉ CAMOIN, LIBRAIRE, PLACE ROYALE.

1839.

TOULOUSE, IMPRIMERIE DE J.-P. FROMENT.

DÉDICACE

A Madame L. de la Faverie.

———•———

Madame,

La protection éclairée que vous accordez aux Sciences et aux Arts, vous a placée parmi les personnes dont les suffrages présagent les succès.

DÉDICACE.

J'ai osé écrire sur la SAINTE-BAUME une Description Physique et Historique ; c'est le souvenir d'une récente promenade que je serais heureux de placer sous votre patronage.

Daignez, MADAME, en agréer l'hommage respectueux.

FORTUNÉ CHAILAN.

Décembre 1838.

LA SAINTE-BAUME.

Il n'y a pas de célébrité plus durable que celle qui est consacrée par les traditions populaires. Les événements les plus simples, les plus insignifiants, prennent, en passant par cette voie de transmission, un caractère de gravité et d'importance qui augmente toujours jusqu'au merveilleux, jusqu'à l'incroyable.

La Sainte-Baume nous en offre un exemple : remarquable par les beautés naturelles qu'on y rencontre, elle est devenue célèbre par une légende qu'on y a rattachée, et d'après laquelle sainte Marie-Magdelaine, sœur de sainte Marthe et de saint Lazare, serait venue dans cette solitude, pour y pleurer sur ses péchés et y mortifier son corps.

Loin de moi la pensée de détruire les croyances du peuple. Les consolations que lui donne la foi ne se retrouvent que dans elle. Je regarderais comme un acte coupable de les lui ravir, parce qu'il n'y aurait pas de compensations possibles. Mais, lorsqu'en donnant une nouvelle consécration à ses actes de piété, on peut dissiper un doute sans heurter les vérités que l'histoire proclame, c'est un devoir que l'écrivain doit remplir.

Tous les hommes instruits, tous ceux qui n'acceptent un fait qu'après en avoir vérifié l'exactitude, sont convaincus de la fausseté de la légende qui fait arriver sainte Marie-Magdelaine et saint Lazare à Marseille. Tous s'accordent à reconnaître que la Magdelaine mourut à Ephèse où elle avait accompagné sainte Marie,

mère de Jésus-Christ, et que saint Lazare mourut à
Cytie, dans l'île de Chypre, d'où son corps fut ensuite
transporté à Constantinople, sous le règne de Léon
le Sage (1).

Une grande partie du clergé partage cette convic-
tion, mais on croit fermement qu'une sainte fille a vécu
dans cette solitude par esprit d'humilité, et qu'après sa
mort les âmes pieuses prirent en vénération sa retraite,
où elles allaient prier pour obtenir les grâces du ciel.

Une tradition assez accréditée, qu'aucun acte officiel
ne justifie, il est vrai, mais que rien ne condamne, est
celle-ci : Un couvent de femmes avait succédé à celui
que saint Cassien avait établi, pour lui et ses compagnons, au pied du pic appelé : La Pointe des Béguines.
Ces religieuses prirent le nom de Cassianites, et l'une
d'elles, nommée Magdelaine, d'une grande beauté et
d'une piété plus grande, ne trouvant pas les règles du
monastère suffisamment sévères, l'abandonna et alla se
retirer dans la Baume où elle vécut un grand nombre
d'années pour la sanctification de son âme ; de son
vivant, elle fut considérée comme une sainte, et, après
sa mort, elle fut canonisée par la voix du peuple qui
est aussi celle de Dieu.

D'après cette version ne serait-il pas rationnel d'ad-
mettre que le corps de sainte Magdelaine, trouvé à
Saint-Maximin, en 1279, était celui de la religieuse
Cassianite et non pas de la sœur de saint Lazare qui, très-
certainement, n'est jamais venue en Provence ? Le billet trouvé dans le tombeau où reposait sainte Magde-

(1) Augustin Fabre, Histoire de Marseille, tome 1, page 145.

laine, n'indiquait pas qu'elle fut la sœur de Lazare ni
la sœur de Marthe, seulement, il y était dit que le
corps de sainte Magdelaine avait été enlevé de son tombeau d'albâtre, pour être placé dans celui de marbre où
reposait autrefois le corps de Sidoine. Cette mutation
avait eu lieu, dit encore l'écrit, pour soustraire le corps
de la sainte aux ravages des perfides Sarrazins. Serait-ce
le nom de Sidoine qui figure parmi les passagers de la
barque sainte, qui aurait donné lieu à la légende com-
battue par l'histoire? Je l'ignore. Il est possible aussi que
quelque fanatique ait cru rehausser le mérite de la
pénitente de la Sainte-Baume, en l'alliant à saint
Lazare, qui avait été doté bénévolement de l'évéché
de Marseille et sur lequel N. S. Jésus-Christ avait opéré
l'un de ses plus grands miracles.

La tradition qui fait arriver sainte Magdelaine et
saint Lazare à Marseille, dit : Sainte Magdelaine (1)
qui s'était convertie à l'âge de 32 ans, serait demeurée
un an à la suite du Sauveur et treize ans avec la sainte
Vierge, à Ephèse; elle aurait quitté Jérusalem l'an 46
de N. S. Jésus-Christ, exposée dans une barque avec le
Lazare, son frère; Marthe, sa sœur; Marcelle, leur servante; saint Maximin, saint Sidoine, les deux Maries,
Jacobé et Salomé, Sara, leur servante; l'Hémoroïsse,
Eutropé, Léon, Simon le Lépreux, et Joseph d'Arima-
tie; notre sainte, protégée par la providence dans cette
périlleuse et longue navigation, serait venue aborder
à l'extrémité de la Camargue, entre les Bouches-du-
Rhône, au lieu connu sous le nom des Saintes-Maries;

(1) Comte de Villeneuve, Ruche Provençale, tome 1, page 67.

et de là ces disciples fidèles, répandus dans les diverses parties de la France, y auraient prêché la religion chrétienne. Magdelaine serait venue à Marseille avec le Lazare, son frère (elle devait être alors âgée de 46 ans environ) ; elle y aurait demeuré sept ans et se serait retirée ensuite à la Sainte-Baume où elle aurait vécu 33 ans ; elle serait donc morte à 86 ans.

La même tradition, admise par l'église romaine, défendue par la Sorbonne contre le docteur Launoi, soutenue par tous les diocèses circonvoisins de celui de Marseille, porte que le Lazare, ressuscité par le Sauveur, vint prêcher l'évangile à Marseille lorsque Trophime, disciple de saint Paul, le prêchait à Arles (1).

Trophime ne siégea à Arles que l'an 150 (2), c'est-à-dire, 64 ans après la mort de sainte Magdelaine ; or, comment concilier ces deux opinions émanant d'une même autorité? La chose paraît d'autant plus difficile qu'on pourrait trouver, pour et contre, des témoignages écrits, les seuls qu'on puisse consulter.

Quoi qu'il en soit, du reste, des observations que j'ai recueillies et de mon opinion personnelle, il n'en reste pas moins la certitude que la Sainte-Baume a été le refuge d'une grande pénitente, que ce lieu a été sanctifié par les pratiques d'une piété profonde et d'une vertu digne des beaux jours du catholicisme, et je dirai, comme le comte de Villeneuve : « Je laisse à d'autres le soin de faire sur ce point litigieux, une dissertation

(1) Histoire de sainte Marie-Magdelaine, par R. P. Gavoty, chapitre 7 , page 36.

(2) Papon, Louis Méry, Histoire de Provence, tome 11, page 190.

en forme ». Mon but, à moi, c'est de donner une description physique et historique de la Sainte-Baume, en citant les faits et les traditions arrivés jusqu'à nous; ce sera la centième peut-être, mais qu'importe ? Chaque écrivain a sa manière à lui d'observer, et le même objet peut être vu de cent manières différentes. Cela est si vrai qu'en lisant certaines descriptions de la Sainte-Baume, celle surtout de M. Félix Davin, consignée dans le 1.er volume du Musée des Familles, j'ai eu toutes les peines du monde à m'y reconnaître et, je dois le dire avec franchise, ce n'a pas été sans effort :

Un autre motif m'a encore déterminé à écrire cette notice, celui de consacrer le souvenir d'une promenade artistique où nous avons trouvé de douces émotions et des jouissances qu'on ne rencontre que dans la solitude en face des merveilles de la création, si belle et si poétique dans les lieux que nous avons visités.

C'était le dimanche 30 Septembre 1838. A sept heures du matin nous arrivâmes à l'oratoire de *Saint-Marc*; nous venions de parcourir, pendant deux heures, les sites les plus agrestes au milieu d'une solitude profonde, toujours entourés de ravins et de roches escarpées, lorsque la plaine du Plan d'Aups se déroula à nos yeux, un immense massif de roches grisâtres bornait notre vue au sud; le sommet était couvert d'un épais brouillard; au bas était un bois qui, suivant un talus rapide, s'étendait depuis la plaine jusqu'aux parties les plus élevées de la montagne. Là était le but de notre course.

Un brillant soleil dorait de ses rayons la plaine du Plan d'Aups; ils reflétaient sur les vapeurs qui couron-

naient le Saint-Pilon et la Pointe des Béguines, une
teinte argentée d'un magnifique effet. Tout à coup une
légère brise du nord-ouest vint à souffler et nous vîmes
les vapeurs se dissiper à nos yeux comme un immense
rideau de gaze qu'on aurait retiré des régions supé-
rieures. Alors un merveilleux spectacle s'offrit à nous :
La Sainte-Baume, le Saint-Pilon et la Pointe des Béguines, nous apparurent dans toute leur majesté. Nous
fîmes une halte au milieu de la plaine; mes compagnons,
MM. Ch. et Aug. Target, prirent leurs crayons et
dessinèrent ce gigantesque paysage remarquable par de
si merveilleux contrastes. Bientôt nous fûmes rejoints
par M. le docteur Marloy qui arrivait par *Auriol*, et, à
neuf heures, nous vîmes descendre du Saint-Pilon,
MM. Fabre de Cancerille et Fremy qui arrivaient
de *Signe* se rendant au rendez-vous que nous nous étions
donnés; lorsque nous nous fûme ralliés, nous parcou-
rûmes la montagne, et, peintres et naturalistes, chacun
explora ce beau site selon son goût ou sa spécialité.

DESCRIPTION PHYSIQUE.

La Sainte-Baume (1) est située dans la commune du
Plan d'Aups, dépendante du département du Var, au
nord d'une chaîne de montagnes formée par le Baou (2)
de Bretagne, le Saint-Pilon et la Pointe des Béguines
ou Mont Saint-Cassien. On y arrive par Gémenos en
remontant la vallée de Saint-Pons, par Auriol, par Saint-

(1) Baume; du provençal, Baoume. — Grotte.
(2) Baou, massif de rochers.

Zacharie, par Nans, par Tourvés et par Saint-Maximin.
La route de Nans est la seule par laquelle puissent passer les voitures ; la plus pittoresque est, sans contredit,
celle de Saint-Zacharie qui passe, tantôt à travers des
bois de pins, tantôt sur les bords d'un torrent d'où
s'échappent de délicieuses cascades. La route de Géme
nos, par Saint-Pons, est une des plus longues et des
plus pénibles, car on ne parvient guère au sommet du
Baou de Bretagne, qu'après quatre heures d'une marche
pénible à travers de rampes pratiquées dans les rochers.

La chaîne de montagnes, formée par le Baou de Bretagne, le Saint-Pilon et la Pointe des Béguines, est assise
sur un coteau en pente assez raide. La partie située au-
dessous du Saint-Pilon, est occupée par une belle forêt,
remarquable par la beauté et la variété des arbres autant
que par la richesse de la végétation. Cette forêt se trouve
au nord du Saint-Pilon ; l'humidité et la fraîcheur y
sont si intenses, que les arbres sont couverts de mousses
et de lichens. Ces plantes parasites qui, dans les forêts,
s'attachent généralement à la partie nord des arbres,
offrent ici ce singulier spectacle d'un bouleversement
total dans les règles ordinaires. Dans la partie basse du
bois et presque sur la lisière, les mousses et les lichens
se présentent dans l'ordre naturel, et, dans la partie
haute, on en remarque en plus grande quantité, sur le
côté, au midi. Ce phénomène ne peut s'expliquer que
par le voisinage de la montagne, qui change les condi-
tions atmosphériques en donnant plus de fraîcheur au
côté sud que n'en a le côté nord ; nous avons également
remarqué que les arbres les plus rapprochés de la mon-

tagne, ceux surtout qui sont au-dessous de la dernière
rampe, sont également entourés de mousses de tous les
côtés.

Les arbres qu'on rencontre le plus fréquemment dans
ce bois, sont l'if, que les Provençeaux appellent communément l'*aoubrè de la Santo-Baoumo*. On le considère comme un poison mortel pour les chevaux, les
mulets et les ânes (1); le chêne, le hêtre des forêts,
l'orme des champs, le tilleul, le peuplier noir et
le blanc, le micocoulier, le noyer, le frêne élevé,
l'aulne, l'alisier, les érables champêtres, sicomore et
de Montpellier.

Parmi les arbrisseaux, on distingue le houx commun, le grand fusain, le nerprun purgatif et le bour-
daine, le cornouiller mâle et le sanguin; le noisettier,
le sureau, le cityse à feuilles sessiles, la coronille eine-
rus, l'églantier, les genévriers, les daphnés et beaucoup
d'autres. Le sol est couvert de fraisiers, de violettiers
et d'hépatiques; les mousses, les lichens et les cham-
pignons, couvrent les vieux troncs; le bolet ongulé y
est très-commun; ce bolet est celui qui, dans sa jeu-
nesse, sert à la préparation de l'amadou. Le guy à fruits
blancs vit sur la plupart des arbres qui bordent le sentier tortueux de la grotte aux œufs. Parmi les plantes,
beaucoup d'espèces ne se trouvent que difficilement

(1) Les personnes qui louent des montures dans les lieux environ-
nants la Sainte-Baume, mettent toujours pour condition d'accom-
pagner les visiteurs de peur, disent-elles, qu'on ne laisse manger
à leurs bêtes, l'arbre mortel. Je crois plutôt que c'est pour se ména-
ger un bon repas pendant la course et quelques étrennes au retour.

dans les autres parties du département du Var ; de ce nombre sont la bella dona, atropa bella dona (dec) très-usitée en médecine, violent narcotique ; ce type des solannées disparaîtra bientôt de cette contrée; depuis que les herboristes en font un objet de commerce, on la trouve rarement. La digitale à petite fleur, l'ellébore fétide, vulgò pied de griffon. Cette renonculacée offre aux médecins les mêmes ressources, soit dans les feuilles, soit dans les racines que l'hellébore noir; elle purge avec violence. On y trouve encore le lys martagon, le muguet anguleux ou sceau de Salomon; l'asphodèle rameux, le thésion des Alpes, l'herniaire des Alpes, la primevère officinale, l'euphraise des Alpes, la phlo-mide, herbe aux vents, la betoine, la benoîte, la sca-bieuse des pyrénées, l'euphorbe pourpre, le daphné des Alpes, la lauréole, la sanicle et l'impératoire osthrutium.

Les Crucifères, les Orchis, les Germandrées, les Campanules, les Saxifrages, les Cirses, les Orpins et les Scabieuses semblent embellir les sites pittoresques de cette localité.

M. le docteur Marloy, naturaliste très-distingué, s'est occupé spécialement de la classification des plantes de la Sainte-Baume dont il va publier la Flore. Les bota-nistes ne seront pas peu étonnés de voir la quantité de plantes et la curieuse variété qu'on rencontre dans un espace de terrain dont la surface n'excède pas cent quatre-vingts hectares.

M. Maunier, auteur d'une notice sur la Sainte-Bau-me, classe la ciguë parmi les plantes qui y croissent.

M. Marloy, qui a fait de fréquentes recherches dans
cette localité, et d'autres botanistes après lui, ne
l'y ont jamais rencontrée. On croit généralement
que l'ex-curé du Plan d'Aups a pris le cerfeuil sau-
vage, très-abondant dans cette forêt, pour le conium
maculatum.

Les lépidoptères (1) ne sont ni moins nombreux ni
moins variés que les plantes. Les entomologistes y trouvent, au commencement du printemps, la coliade
citron, beau papillon aux ailes jaunes canari, la cléo-
pâtre, différente de la précédente par la belle tache
orange qu'elle porte sur chaque aile de devant; la grande
tortue, le morio, cette vanesse égale, par l'éclat et la
variété de ses couleurs, les beaux papillons de l'Amé-
rique; elle a une belle taille, ses ailes, d'un noir ferru-
gineux, sont veloutées; leur bordure jaune pâle est
accompagnée en dedans d'une magnifique série de lunu-
les bleues; et le vulcain, papillon remarquable par sa
grande bande couleur de feu sur un fond noirâtre.

A la fin d'Avril, l'euphéno déplisse ses ailes jaunes;
cette jolie piéride a été surnommée l'aurore, à cause de
la tache jaune doré qu'elle a sur les ailes antérieures.
En Juin et Juillet on trouve les zigènes, saportæ, fili-
pendulæ, occitanica, rhodamantus, trifolii, pencedam,
fausta, sarpedon, transalpina, stœchadis, etc., qu'on ne
trouverait que difficilement dans les autres parties du
département du Var et dans celui des Bouches-du-

(1) La collection de lépidoptères de M. Marloy est l'une des plus
riches qu'il y ait en province; je dois à l'obligeance de ce jeune
savant, la communication d'une partie de ces observations.

Rhône, à l'exception de la vallée de Saint-Pons, qui possède les mêmes espèces. Toutes ces diverses zigènes volent lourdement, et, pendant le jour, on les trouve en abondance sur la lavande, l'aspic et le romarin, labiées communes sur les bords des chemins montueux qui avoisinent le bois de la Sainte-Baume.

Les Argus, nom autrefois collectif à tout le genre et auquel on a substitué celui de polyommate, petits papillons aux brillantes ailes bleues, sont également très-communs dans cette localité; on les trouve aussi, en grandes quantités, dans toutes les prairies de la vallée de l'Hûveaune qu'ils embellissent par la variété de leur riche livrée. De cette espèce, on peut citer l'adonis, l'ægon, l'escherii, l'acis, le dolus, le damon, le melanops, l'iolas, l'alexis, le pruni, le walbum, l'æsculi, le spini, l'evippus, lex batticus, le plæas, le corydon, et plusieurs autres. Les zigènes se plaisent dans les lieux montueux, arides, où croissent seulement quelques plantes aromatiques. Les Argus habitent la lisière du bois.

L'histoire des papillons a cela de remarquable, qu'on trouve toujours les mêmes espèces dans les mêmes lieux. Les naturalistes attribuent cette constance au même instinct qui, en portant l'insecte à la continuation de sa postérité, le porte aussi à confier ses œufs et le soin de nourrir ses petits à la même plante qui le nourrit lui-même.

Les Argymes, ces beaux papillons richement tachetés de points argentés, qui aiment les lieux silencieux, ombragés et humides, sont communs et variés dans les clairières de la Sainte-Baume ; les espèces observées dans cette localité sont le paphia , papillon abondant dans les parties touffues du bois , mais difficile à prendre , l'aglaé, l'adippé, la niobé , la lathonia , la lucine, la dia , l'amathuse , l'hécate, l'euphrosine , et beaucoup d'autres qui sont communs à un grand nombre de localités.

Les satyres sont aussi nombreux. Ce genre de diurnes est fort commun ; peu méritent d'être désignés ; si on excepte le satyre arcanius; cette jolie espèce est très-commune à la Sainte-Baume. Les hespéries s'y trouvent aussi fréquemment ; enfin les crépusculaires, et les nocturnes y pullulent ; des chasses fréquentes, faites surtout la nuit, enrichiraient la collection d'un amateur et feraient découvrir beaucoup d'espèces encore inconnues.

On dit généralement que le bois de la Sainte-Baume ne renferme aucun animal venimeux. Le peuple attribue cette particularité à la protection spéciale de sainte Magdelaine; les naturalistes l'attribuent à la température des lieux qui est très-froide. Un écrivain (1) qui était en position de se procurer des renseignements exacts , dit : « Les serpents , les crapauds , les lézards, sont à la vérité assez rares à la Sainte-Baume; on y trouve cependant la vipère commune , la couleuvre à collier (coluber natrix), la grenouille commune (rana esculenta), le lézard gris (lacerta agilis), les araignées y sont assez communes et particulièrement la tarantulle (2), (lycosa tarantula de la treille), la pionnière (my-

(1) Le comte de Villeneuve, ancien préfet des Bouches-du-Rhône, Ruche Provençale, tome 1, page 65.
(2) Cette araignée se trouve fréquemment dans la vallée de l'Hu-

gale fodiens walk), on n'y a jamais vu de scorpions ni
de millepates ».

Parmi les insectes coléoptères, je me bornerai à citer
la *Rosalia alpina*, insecte caractéristique de toutes les
localités alpines, telles que les Basses-Alpes et les
Pyrénées.

J'ai fait de fréquentes visites à la Sainte-Baume ;
j'ai consulté beaucoup de personnes qui ont fait ce pèlerinage dans un but d'observation ; je n'en ai point trouvé
qui m'aient dit avoir vu un insecte venimeux, ni
aucun animal à sang-froid.

Les mammifères n'y sont pas très-nombreux ; ceux
qu'on y rencontre le plus communément sont le blé-
reau, l'écureuil, le loir, la martre et le renard ; le
loup et le sanglier, n'y paraissent qu'accidentellement.

L'ornitologie présente plus de variété ; le néophion
pérénoptère, l'aigle, le corbeau, l'épervier, le faucon,
le gerfaut, la chouette, le duc, l'engoulevène, le
coucou, le geai, le merle, le rouge gorge et le marti-
net à ventre blanc, habitent cette contrée ; on y
trouve aussi la plupart des passereaux, mais à différentes époques.

Le bois de la Sainte-Baume est extrêmement fourni ;
le sol semble recouvert d'un tapis de velours formé par
les mousses et le détritus des arbres. Des sources y sont
abondantes et serpentent gracieusement dans la partie

---

veaune ; sa piqûre est fort douloureuse et n'est pas sans danger. Un
jeune docteur a eu à soigner près de quarante cas de piqûres de la
tarantule, un seul a été mortel ; tous ont présenté les symptômes de
l'empoisonnement plus ou moins intenses.

2

basse, de là elles vont se perdre dans la Tourne, gouf-
fre immense qui reçoit toutes les eaux de la plaine du
Plan d'Aups, pour les conduire dans la vallée de l'Hu-
veaune et dans celle de Saint-Pons (1).

La Grotte ou Sainte-Baume domine ce magnifique
bois ; on y arrive par des rampes coupées dans la montagne et d'un accès facile. Elle est à neuf cent trente-
huit mètres au-dessus du niveau de la mer ; sa largeur
est de vingt-huit mètres ; sa longueur de vingt-six et sa
hauteur de huit. On y pénètre par deux portes élégantes
qui contrastent singulièrement avec l'aspect des lieux.
L'intérieur de la grotte est froid et humide. En face des
portes d'entrées est un autel en marbre, dédié à Notre-
Dame du Rosaire ; à gauche est le principal autel placé
sous un baldaquin en bâtisse, supporté par quatre colon-
nes ; derrière cet autel est le lieu de la pénitence ; on y
voit une belle statue de marbre blanc représentant
la Magdelaine couchée, appuyée sur le bras droit.
Auprès de la statue sont une croix et une tête de mort ;
cette statue est d'une assez belle exécution ; elle avait
appartenu à M. de Valbelle dont elle ornait les riants
jardins ; derrière cette statue est une source d'une grande
limpidité et d'une fraîcheur glaciale ; on la puise au
moyen d'un petit seau en cuivre scellé à une chaîne. La
grotte a deux plans ; le premier est celui que je viens
de décrire ; on ne parvient au second qu'en descendant
un escalier de vingt-cinq marches ; on y voit un espèce
d'autel qu'on prendrait pour le manteau d'une ancienne

(1) Ce fait n'a jamais pu être vérifié ; il est pourtant généralement
admis.

cheminée. Ce monument est richement sculpté; il représente Jésus-Christ dans le sépulcre. On y voit encore les statues de François I.er, et celle de Claude de France, sa première femme, qui, avant la révolution, étaient placés sur le devant de la grotte, et une pierre de marbre qui se trouvait autrefois sur le frontispice de la chapelle dite des Parisiens. Quelques bustes mutilés, représentant des saints et des saintes, sont déposés pêle-mêle dans ce lieu retiré dont la surface est d'environ cent soixante-dix mètres carrés. Avant de sortir de la grotte on aperçoit au-dessus de la porte, dans une niche de marbre, une jolie statue de sainte Magdelaine. De chaque côté on voit, sur une pièce également de marbre, les armes de Charles d'Anjou, prince de Salerne et comte de Provence. Au-dessus du bénitier se trouve un écusson de marbre blanc, sur lequel sont inscrits les noms des rois qui ont visité ce lieu vénéré ; on y lit :

Fondée en MCCLXXX
Par Charles II,
Comte de Provence.
Visitée par Saint-Louis,
A son retour de la Terre-Sainte.
Jean I.er en MCCCLXII.
Charles VI en MCCCLXXXIX.
Louis XI encore Dauphin.
Anne de Bretagne en MDIII.
François I.er en MDXVI.
Henri II en MDXXXIII.
Charles IX et Henri III.

Henri IV en MDLXIV.
Louis XIII en MDCXXII.
Louis XIV en MDCLX.

En sortant de la Sainte-Baume on se trouve sur une terrasse d'où la vue plonge sur le bois et sur toute la plaine du Plan d'Aups ; à gauche est une maison carrée large et spacieuse qu'habitent le garde de la grotte, sa sœur et une jeune fille de douze ans (1). Cette maison, avec sa face blanche et ses petites fenêtres en ogive, se dessine admirablement sur le font grisâtre de la montagne ; de loin elle paraît plaquée contre la roche. Du côté opposé sont les ruines des vieilles bâtisses qui servaient autrefois d'hôtellerie.

De la Sainte-Baume on se rend à la Grotte aux Œufs remarquable par sa structure et par la grande quantité de stalactites qui s'y forment. Cette grotte est située à l'ouest de la Sainte-Baume, à environ six cents mètres ; on y parvient par un chemin très-accidenté et très-pittoresque. Cette grotte est divisée en trois cavités ; on ne parvient que difficilement de la première dans la seconde, et plus difficilement de la seconde dans la troisième. Cette visite ne peut se faire qu'au moyen de flambeaux.

Le Saint-Pilon est élevé à mille huit mètres au-dessus du niveau de la mer. Le pélerinage de la Sainte-Baume ne serait pas accompli, si on ne visitait pas ce lieu

(1) Ce garde se nomme Lambert ; il est âgé de cinquante à soixante ans environ. Son obligeance pour les visiteurs est inépuisable ; il les accompagne dans tous les lieux de la forêt. Il passe son temps à cultiver un petit jardin potager et à recueillir des plantes pour les botanistes.

renommé. On y arrive par un chemin tracé dans le rocher ; il est rude et pénible à gravir ; au sommet on voyait autrefois un pilier surmonté de la statue de sainte Magdelaine ; ce pilier a été remplacé par une petite chapelle de forme carrée, et éclairée par un petit dôme ; l'autel est en marbre de diverses couleurs ; on y célèbre rarement l'office de la messe. Il n'y a pas de coup d'œil plus majestueux que celui qui vous apparaît du sommet de ce pic. Quelle que soit l'idée que vous vous soyez faite de l'immensité de notre planète, cette idée grandira à la vue d'un spectacle si imposant, et vous vous trouverez bien chétif devant l'auteur d'une si belle création. La première fois que je montai au Saint-Pilon, c'était par un beau soleil de Provence ; le ciel était uni comme une glace ; de toute part l'horizon était limpide et je pus apercevoir tour à tour le territoire de Marseille, l'étang de Berre, la Crau, le cours du Rhône et les montagnes du Languedoc, à l'ouest ; au sud, la mer immense, la mer sans fin où surgissent l'île verte et le bec de l'aigle ; le cap qui couvre Toulon ; de ce côté les îles d'Hyères et celle de la Corse, tandis qu'à nos pieds serpentait la route de Toulon à Marseille, à travers le territoire d'Ollioule, du Bausset et de Cuges ; plus loin la chaîne des Maures sur laquelle on distingue la chapelle de Notre-Dame des Anges (1), près Pignans, et plus haut, les montagnes sous Alpines qui commencent à Bargemont, et qui, par un amphithéâtre dans lequel on remarque Lachen, Cheyron et le Col de Tende, vont se terminer au mont Viso et aux Hautes-Alpes, en dessi-

(1) Ruche Provençale, tome 1, page 74.

nant la vallée ou coule le Var ; au nord enfin , une
autre chaîne des Basses-Alpes, liée à la Sainte-Victoire
et au Luberon, au pied duquel un brouillard indique
le cours de la Durance, conduit jusqu'à la montagne de
Lure et au mont Ventoux toujours couronné de neige ;
on peut aussi distinguer de là les lieux où Pétrarque
soupirait pour la belle Laure, des vers pleins d'une
poétique harmonie.

De ce point culminant, toute la Provence vous apparaît avec ses vallées riantes et ses rocs pelés ; sur la même
ligne, mais à une élévation de deux cents mètres de
plus , on aperçoit la Pointe des Béguines qu'on nomme
aussi la montagne de Saint-Cassien ; c'est là que ce moine
d'orient vint établir un ermitage, pour lui et ses compagnons , jusqu'au moment où ils furent mis en posses-
sion de la Sainte-Baume. En montant le Saint-Pilon ,
ou en parcourant les rampes qui sillonnent le bois, on
trouve de nombreux oratoires; ils furent fondés par un
archevêque d'Arles, nommé Jean Ferrier, qui en forma
le dessin et les fit exécuter en pierre de taille avec
autant de bas reliefs de pierre blanche qu'il fit mettre
dans chaque niche. Ces bas reliefs représentaient diverses
époques de la vie de sainte Magdelaine. On voit aussi,
sur le chemin du Saint-Pilon , la chapelle des Parisiens
qui fut , dit-on , fondée par des personnages de la
suite d'un prince français; on appelle aussi cette chapelle la chapelle des morts , parce qu'à la suite d'un
legs fait à la Sainte-Baume, ce monument avait été
consacré à la célébration quotidienne d'une messe pour
les trépassés.

L'aspect de ces lieux est majestueux et imposant; il inspire un sentiment de religiosité dont on ne peut se défendre. Les ruines qu'on y rencontre parlent au cœur un langage qui émeut et qui commande le respect.

DESCRIPTION HISTORIQUE.

Selon la légende populaire, la vénération des fidèles pour la Sainte-Baume remonterait à la mort de sainte Magdelaine qui arriva l'an quatre-vingt-six. Ce point, comme je l'ai déjà dit, est combattu par tous ceux qui n'admettent pas la venue de la sœur de saint Lazare en Provence; indépendamment des preuves multipliées qui repoussent ce fait, il est généralement reconnu que le christianisme ne pénétra que fort tard dans la Gaule, et qu'il n'y eut des églises que vers le troisième siècle (1), c'est-à-dire, deux siècles environ après la mort de sainte Magdelaine. D'autres croient que la sainte fille, qui vécut dans la Sainte-Baume et qu'ils désignent comme une religieuse Cassianite, mourut vers la fin du cinquième siècle, alors que la religion chrétienne était généralement répandue et librement pratiquée.

Quoi qu'il en soit, les restes de la pénitente furent grandement vénérés à cette époque et beaucoup d'honneurs lui furent rendus jusqu'en l'année sept cent seize où ses reliques furent soustraites à la profanation des Sarrazins, par les soins des religieuses Cassianites. Quelques historiens ont cru que les reliques de sainte

(1) Augustin Fabre, Histoire de Provence, tome 1, page 147.

Magdelaine n'avaient été cachées que l'an 896 par
les soins des moines de saint Benoît. La note trouvée
dans le tombeau de sainte Magdelaine, ne laisse aucun doute à cet égard et coïncide avec la première
invasion des Sarrasins, constatée au commencement du
huitième siècle.

La découverte de ces pieuses reliques eut lieu l'an
1279 par les soins de Charles d'Anjou, prince de
Salerne, fils de Charles I.er, roi de Jérusalem, de
Sicile, et comte de Provence. L'histoire sacrée raconte
de merveilleuses choses sur la découverte de ces
reliques ; voici en quels termes s'exprime un vieux
chroniqueur (1) :

« Charles d'Anjou était à Aix, en l'an 1278, pour
gouverner cette province pendant que son père,
homme belliqueux et frère de Saint-Louis, roi de
France, était occupé aux affaires d'Italie. Ce jeune
prince, doué d'une grande piété, ayant appris que
la Sainte-Baume avait été le lieu de la longue pénitence de sainte Marie-Magdelaine et que les fidèles
avaient cachés ses sacrés ossements par l'appréhension
des Sarrasins, se sentit poussé d'un grand désir de les
trouver. Dans cette vue, il fit beaucoup de prières,
jeûnes et aumônes, priant le seigneur de les lui mani-
fester ; après avoir passé une année dans la pratique de
ces bonnes œuvres, Dieu exauça les vœux du prince
Charles, et permit que sainte Magdelaine lui découvrit elle-même l'endroit où son tombeau avait été
caché ; elle lui déclara que c'était dans un champ voi-

(1) Le R. P. Gayoty, dominicain.

sin de l'église de Villelate (1), là même où on trouverait une plante de fenouil toute verdoyante. »

Charles, plein de foi, se rendit sur le lieu indiqué par
la sainte, où, voyant la plante verdoyante à une époque
où la nature sommeille, il fit creuser et découvrit le
tombeau d'albâtre et trois autres tombeaux de marbre ;
après avoir rendu grâce à Dieu et à la sainte d'avoir
trouvé un trésor si précieux, il le laissa intact et s'en
retourna à Aix où il convoqua les archevêques de Narbonne, d'Arles, d'Aix, d'Embrun, les évêques d'Agde,
de Maguelone et de Glandevés; il leur communiqua
la découverte qu'il venait de faire, les invitant à assis-
ter à l'ouverture des tombeaux. Le 9 Décembre de
l'an 1279, Charles se rendit aux lieux où reposaient
les saintes reliques, accompagné de tous ces prélats et
de la noblesse. L'ouverture des tombeaux eut lieu en
présence de tout le cortège; dans l'un d'eux on trouva
une petite boule de liége qui renfermait un morceau
d'écorce d'arbre lisse de la largeur de la main, sur
lequel était l'inscription suivante :

« Anno nativitatis domini ex DCCXVI mense Décem-
bri in nocte secretissima, régnante Odoiniis posimo
francorum rege, tempore infestationis gentis perfidæ
sarracenorum, translatum fuit hoc corpus carissimæ
et venerandæ Mariæ Mágdalenæ de sepulchro suo ala-
bastri; in hoc marmoreum ex metu dictæ gentis perfidæ, sarracenorum qui a securius est hic ablato
corpore Sidonii. »

« L'an 716 de la nativité de Notre-Seigneur au

_____

(1) Aujourd'hui Saint-Maximin.

mois de Décembre, régnant Eudes, roi de France,
du temps des perfides Sarrasins, le corps de sainte
Magdelaine a été transporté, très-secrétement pendant la nuit, de son sépulcre d'albâtre en celui-ci
de marbre, pour le dérober aux Sarrasins, car il est
plus en sûreté dans le tombeau nous où l'avons mis
et dans lequel reposait le corps de Sidoine que nous
avons ôté. »

Il est à remarquer que douze ans auparavant, dans
le diocèse d'Autun, les religieux de Vezelai avaient
prétendu également avoir trouvé le corps de cette
même sainte, et que Saint-Louis honora de sa présence les cérémonies auxquelles avaient donné lieu
cette supposition, ce qui causa de graves débats parmi
les historiographes. J'ai trouvé à ce sujet dans un manuscrit du seizième siècle ou a peu près, une autre
légende sur la découverte du corps de sainte Magdelaine,
qui mérite d'être rapportée : la voici textuellement.

« Pour monstrer que le corps de sainte Magdelaine
n'est pas à Autun, ayns à Saint-Maxemin en Provence,
bien que quelques autheurs le veuillent soubstenir. »

« L'an 1289 estant Charles second, roi de Sicille,
Naples, Hierusalem, comte de Provence, debtenu pri-
zonnier par le roy d'Aragon, ayant esté prins en guerre
navalle et debtenu à Barssillone en prison ferrée, bien
estroictement, n'en pouvant estre rachesté ni delivré
par aulcuns pris, argent ne aultre moyen d'espérance
et fut advenant le jour de la veille de la Marie-Magdelleine, persuadé par son confesseur messire Guilleaumes
de Tournay, docteur en theollogie, il auroict dévotte-

ment faict sa confession et jeusné la dite veille et ayant
le dit roy proposé à son confesseur du...... (1) de la
Marie-Magdelleine, de la pénitence qu'elle avoict faict
à la Saincte-Baulme, et qu'estant son corps à Ville-Latte
autrement Sainct-Maxemin, les Bourguignons faisans
guerre en Provence l'avoient transporté au duché de
Borgoigne. Se souvenant espéciallement de la pénitence
que la dite dame avoict faict en Provence et qu'elle
avoict vacqué à la prédication évangelique, le dit roy
se seroict du tout voué à elle et de tout son cœur l'auroict implorée à son ayde, et advenant sur la minuit
en dormant saincte Marie-Magdelleine auroict éveillé
le dit roy du sommeil et d'une très-doulce et aymable
voix, par sa présence le consollant, lui auroict dit : O
roy devot qu'est ce que tu me demandes? ou que veux-tu
de moy que je face pour toy ? A quoy il repondit : O
très-sainte et debonaire dame, estant moy debtenu
cruellement en ce croston de prizon, soulz rigoreuse
garde, destitué de tout humain secours d'en pouvoir
estre délivré, en toy seule est ma confiance; ô ma très-
doulce maistresse delyvre moi, car toutes choses te
sont possibles euvers Dieu; lhors fut par elle répondu :
Ton oraison est exaulcée, dresse toy vistement et me
suys. Mais il la suplia de prier encores pour ses serviteurs debtenus comme luy, et elle peu après lui dit :
Tes prières sont exaulcées et, prenant le D. roy par la
main, le fist sortir et délivra du croston des dites pri-
zons aveq ses serviteurs. Quoy faict et sur la minuit
mêmes auroient demandé à la dite dame, ou est ce

_____

(1) Ici le manuscrit est déchiré et le mot manque.

qu'ils estoint et s'ilz estoint point au pallaix de Barcil-
lone, mais la saincte dame lui dict : Tu es près de Narbonne, à trois mille ou repose le corps de sainct Pol-
Sergé dissiple de sainct Pol apotre ; de manière que ce
roy, asseuré de sa délivrance et des siens, se volant
rendre certain sy la dite saincte estoict la Marie-Magdelleine, il l'auroict instamment requise si c'estoict
elle, qui luy répondit que ouy. Lhors le roy luy dit :
O très-doulce apostre et secrétaire de Jesus-Christ, qui
la première entre les mortels as mérité d'avoir veu la
première le filz de Dieu ressussité, ô exemple de pénitence, qui par tes larmes abondantes luy as lavé les
piedz et essuyé iceux aveq tes cheveux. O très-doulce
dame ! ô notre unique espérance ! ô ma maistresse très-
saincte quelles louanges dignes de ta grâce je porray
te rendre, n'y quelles actions de grâces condignes.
Sans doutte je m'en rendz du tout indigne, mais a toi
du tout je me voue et donne. Lhors la saincte Marie-
Magdelleine lui dit : Je te donne cecy en charge et te
demande de croire et faire entendre aux évesques et
peuple chrétien que mon corps est à Ville-Latte, que
Sainct-Maxemin l'on appelle et non en Bourgoigne.
Lequel tu trouveras à l'église du dit Sainct-Maxemin
auprès du grand authel acouxtre dextre, en ung monument auprès duquel en même église reposent les corps
de Sainct-Maxemin, Blaise, Siffredi et sainctes Mar-
celles et Suzanne, et pour regard du corps de sainct
Cédon, aveugle de nature, lhors qu'on chassa les infi-
delles de Provence, a esté au lieu du mien transporté
en Bourgoigne par Oddon, roy de France et Bourgoi-

gne, cuidant avoir prins mon corps à mon monument,
mais affin que tu soys rendu certain de ce faict, tu
treuveras dessus mon monument une escorce d'arbre
qu'y jamais ne porrira et en ceste escorce tu trouveras
ce que ya escript sainct Maximin, soulz ces mots :
Requiessit hic corpus beatæ Mariæ Magdalenæ; trouveras encore mes os destitués de chair, excepté à la
partie de mon chef où Nostre Seigneur Jésus-Christ me
toucha me disant après sa glorieuse ressurrection, *noli
me tangere,* et de plus auprès ma machoire senextre treuveras une petite empoulle de cristal où est de la terre
moillée de sang de Jésus-Christ, que j'ai recueilly au
temps de sa passion en mémoire de laquelle je la por-
tais continuellement aveq moy, où aussy treuveras les
cheveux de mon chef réduitz en cendre, excepté ceux
quy ont touché les saincts piedz de Jésus-Christ; lhors
que pleurant, de mes larmes les arrosant et de mes
cheveux essuyant, j'obtins la remission de mes pechez.
Pareillement y treuveras ung sarment de vigne avec
les feuilles vertes. Procédant de ma bouche, toutes ces
choses Dieu veuilt être découvertes et certifiées au
peuple et la dévotion être augmentée au lieu de sainct
Maxemin où mon corps gist entre les fidelles chré-
tiens, et daultant que l'église est petite, et l'office
divin n'y est convenablement célébré, tu y feras édif-
fier une église et couvens de fraires prédicateurs en
ma révérance d'avoir esté apostre et les docteras et
magnifieras aveq les antres et cavernes de la Saincte-
Baulme où j'ay faict ma pénitence. Lesquels couventz
tu feras régir et gouverner par les fraires prédicateurs

faisant oster de là les moynes que y sont, car Dieu ainssin la disposé et ordonné, et les dits couventz feras par le souverain pontiffe unir et agréger à l'ordre des prédicateurs et y fera cellébrer et solempniser la fête de ma translation et transport, et feras ordonner l'office que les dits fraires seront tenus de dire. Et, ce faict la dite saincte Marie-Magdelleine seroinct disparue. »

« Et, le dit roy avec sa compagnie sur l'aube du jour auroint vus la cité de Narbonne distant de deux mille loing du lieu où ils estoint, où ils auroint faict veu de faire ériger ung sigue de la croix au chemin, auquel la Marie-Magdelleine avoict amené le roy et les siens; ce que fust faict et jusques à présent est appellée: Crux de Leuca. Ce qu'entendu par l'arcevesque de Narbonne, son clergé et du illustre visconte de Narbonne, ils seroint allés en procession au devant du roy qu'ils receurent honnorablement dans la ville au pallaix, où leur racompta exactement ce que dessus et le grand miracle advenu et fit édifier une chapelle audit pallaix en l'honneur de saincte Magdalleine : » ainsi finit ce curieux manuscrit.

Si c'est là ce qu'on appelle des preuves, il faut avouer qu'elles sont du moins peu convaincantes, d'abord l'auteur a fait une erreur de date : ce n'est pas en 1289 que Charles II fut délivré, mais bien l'année précédente; il fit son entrée à Marseille le 7 Décembre 1288 (1), et l'histoire nous dit au prix de quels sacrifices il lui fut permis de revoir ses états. Toutefois il est vrai qu'il attribua sa délivrance à la protection de

(1) Augustin Fabre, Histoire de Marseille, tome 2, page

sainte Magdelaine et qu'il lui voua un culte fervent.
comme nous le verrons plus tard. Mais, déjà et depuis
dix ans, selon le P. Gavoty, les reliques de sainte
Magdelaine avaient été trouvées et honorées par les
soins du duc d'Anjou. Ces contradictions dans les vieilles chroniques n'ont pas peu contribué à diminuer la
foi qu'on voulait obtenir du peuple, touchant les divers
miracles opérés par Magdelaine la pécheresse, et c'est
peut-être à ces mêmes contradictions qu'on doit la
persévérance avec laquelle ont s'est attaché à démon-
trer la fausseté de tant d'inventions.

Sans approfondir la question, examinons cependant
l'opinion des écrivains modernes sur l'identité des reliques de sainte Magdelaine, et voyons s'ils admettent
les croyances de leurs prédécesseurs. Nous trouverons
chez eux plus d'unité parce qu'il y a aussi plus d'ins-
truction et peut-être plus de bonne foi; d'abord, le
comte de Villeneuve, homme très-instruit et d'un
caractère fort honorable, malgré son dégoût pour la
controverse, ne peut s'empêcher de repousser une tradition que récusent toutes les idées reçues, et exprime
ses doutes en ces termes : « Nous ne pouvons ignorer,
dit-il, que bien moins encore par suite de la découverte des reliques de Vezelai, que par diverses con-
sidérations développées dans leurs ouvrages, des historiens respectables, dont quelques-uns ont été revêtus
du caractère sacerdotal, ont contesté la venue de
Magdelaine en Provence, ainsi que son séjour à la
Sainte-Baume, ont prétendu, par conséquent, que
l'inscription trouvée dans le tombeau, s'appliquait

au corps de quelque pénitente célèbre portant le
même nom. Ils se sont fondés, relativement à l'inscription, sur ce que Eudes n'avait régné en France
qu'en 888, et c'est ce qui a déterminé *Bouche* à
rapporter à cette époque l'écriture du billet, quoique
d'ailleurs sa date soit positive et qu'une première invasion des Sarrasins ait eu lieu dans les premières années
du huitième siècle (1) quoiqu'il soit vraisemblable que
Odoin ou Eudes, dont il est question ici, puisse être
Eudes, duc d'Aquitaine. Ce personnage qui avait rendu de grands services à Charles Martel, notamment en
combattant et chassant les Sarrasins, avait été autorisé
à prendre le titre de roi en Provence, et Grégoire II,
par les mêmes motifs, le qualifiait de roi très-pieux,
très-religieux. On a aussi pensé, et cette opinion paraît
aussi raisonnable, qu'une religieuse du nom de Magdelaine, ayant été obligée de quitter son couvent pour se
soustraire aux fureurs des Sarrasins, pouvait s'être retirée à la Sainte-Baume, y avoir vécu plusieurs années
et y être morte en odeur de sainteté. »

Cette opinion est aussi celle de Millin (2), à cette
différence près qu'il la donne comme le résultat de
preuves acquises après des recherches faites au XV.ᵉ
siècle par un habitant de Saint-Zacharie, lesquelles
recherches indiquaient aussi que cette bienheureuse
fille mourut à Saint-Maximin où était un monastère
de saint Benoît, et qu'elle y fut enterrée. « D'abord,

(1) Charles Martel remporta sur les Sarrazins la bataille de
Toursen, 725.

(2) Volume 3, page 121.

Lith Canquoin et Simon., St Ferréol, 75.

ajoute Millin, on n'honora et on ne voulut honorer à Saint-Maximin et dans le diocèse d'Aix et de Marseille, que la religieuse Cassianite nommée Magdelaine; mais, peu de temps après (1), des moines grecs vinrent en France et y répandirent des opinions nouvelles relativement aux fondateurs des églises du royaume, qu'ils dirent être des disciples de Jésus-Christ ou des missionnaires envoyés par les apôtres. Ils prétendirent avoir lu dans leurs chroniques, que saint Denis de Paris était saint Denis l'aréopogiste, que saint Trophime d'Arles était un disciple de saint Paul, et que saint Paul lui-même avait prêché la foi en Espagne. Le goût du merveilleux fit saisir avidement ces opinions et en fit naître d'autres qui s'établirent aussi. On assura que Lazare qui avait été ressussité par Jésus-Christ, Maximin, un des soixante-douze disciples, Sidoine l'aveugle-né, Magdelaine et Marthe, étaient venus en Provence pour y prêcher la foi. Alors la Magdelaine Cassianite fut oubliée et son culte fut remplacé par celui de la Magdelaine de l'évangile, que l'on prétendit avoir fait pénitence à la Sainte-Baume et avoir été enterrée à Saint-Maximin. »

Cette tradition fut pourtant le motif de l'établissement de plusieurs fêtes et de l'exécution de plusieurs monuments de l'art, où se trouvèrent représentés divers traits de la vie de Magdelaine la pécheresse. La Provence vit s'élever dans plusieurs localités des chapelles en l'honneur de la sainte. Il y en avait une à Marseille édifiée, sur la place des Treize-Cantons, en mémoire

(1) C'est-à-dire, vers le VIII.e siècle.

de la première prédication du Lazare, faite, disait-on,
en ce local pour lors vis-à-vis de la porte du temple de
Diane (1); long-temps le chapitre de la cathédrale alla
chanter un motet dans cette chapelle, le jour de la
deuxième fête de Pâques; précédemment on y chantait
un cantique en vieux provençal, dont j'extrais les trois
premiers couplets pour donner une idée du langage
de nos aïeux; ce cantique doit dater du douzième ou
treizième siècle.

CANTINELLA

De la santa Maria Magdalena.

Allegron, sis los pécados
Lauzant santa Maria Magdalena devotamen.

1.er

Ella conéc la siou error
Lo mal che fach avia
Et ac del fuech d'enfer paor,
Et mes si en la via
Perque vengeut a salvamen.
Allegron sis, etc. etc.

2.e

A donc sen ven al salvador
Que a taulo se sia
Aquo de Simon lo lebros,
Embe grand compagnia
Et ploret molt amarament.
Allegron sis, etc. etc.

3.e

De l'aiga que de sos grands plors

_____
(1) Grosson, alm. de Marseille, 1770.

De sey bels hueils Cissia
Le lavet los peds per doussor,
Et puis sos pels prenia
Torcava los y humblament.
　　Allegron sis, etc. etc.

Ce cantique a vingt-trois couplets; c'est un récit de
la vie de la sainte.

Cettechapelle, dont il ne reste plus aucun vestige, a
été souvent rebâtie; elle le fut en 1220, et depuis
en 1613, ensuite d'un legs de Pierre Longis, cha-
noine de la cathédrale.

En 1614, un gentilhomme nommé Jean-Chesnel,
seigneur de Chappronnaye, conçut le projet de créer
un ordre de chevalerie, sous le titre de : *Ordre Militaire de sainte Magdelaine*. Les membres de cet ordre
juraient de renoncer au duel, aux querelles particu-
lières et aux meurtres. Ils étaient de plus obligés de
s'abstenir des jeux du hasard, du blasphème et de
garder la foi conjugale. Leur habit était couleur bleu
céleste, leur cordon, de couleur cramoisi, était composé de chiffres formés des lettres M. L. et A. entre-
lacées pour exprimer Magdelaine, Louis et Anne (de
Bretagne). Ces chiffres étaient séparés par des cœurs
percés de flèches. La décoration était ovale; d'un côté
elle représentait sainte Magdelaine, et de l'autre saint
Louis; autour on lisait, *l'amour de Dieu est pacifique*;
ils portaient aussi sur l'estomac et sur leurs manteaux,
une croix blanche fleurdelisée par trois extrémités,
la base posée dans un croissant; au milieu était la tête
de sainte Magdelaine. Cette croix était environnée de

palmes et de rameaux, pour faire connaître que cet
ordre était établi afin d'aller à la conquête de la Terre-
Sainte. Il y avait dans ces rameaux des rayons de soleil
et quatre fleurs de lis qui indiquaient la gloire et
l'honneur que la France devait retirer de ce nouvel
ordre (1).

Le roi Louis XIII approuva les statuts de cette nouvelle chevalerie, et ce fut lui-même qui mit le collier
de l'ordre au sire de la Chappronnaye ; de plus il donna
une maison près Paris qui devait contenir jusqu'à cinq
cents chevaliers; mais cette institution ne prospéra
pas, le duel était trop enraciné dans l'esprit de la
noblesse et dans les mœurs de la nation. Le nom de
sainte Magdelaine, quelque vénéré qu'il fut à cette
époque, ne put triompher d'un barbare préjugé qui,
chaque jour, jetait le deuil dans les familles. Le sieur
de la Chappronnaye, désolé du peu de succès de son
entreprise, se retira dans un ermitage à l'extrémité de
la forêt de Fontainebleau où il se livra à des exercices
de pénitence, sous le nom d'ermite pacifique de sainte
Marie-Magdelaine.

La dévotion de Charles II, pour sainte Magdelaine,
fut si grande qu'il espéra toujours en sa protection,
même au milieu de l'adversité. Lorsqu'il fut délivré
de la captivité dans laquelle le retint Alphonse d'Aragon, il ne manqua pas de l'attribuer à l'intervention
de sainte Marie-Magdelaine, et, en reconnaissance d'une
faveur si grande, il fit jeter les fondements de cette

---

(1) Histoire des religions ou ordres militaires de l'église et de
chevalerie, par Hermant, page 389.

magnifique basilique que les voyageurs vont visiter
à Saint-Maximin ; il voulut que cette église fut des-
servie par les religieux de l'ordre des frères prêcheurs.
Le pape Boniface VIII, par sa bulle du 26 Avril 1295,
donna pouvoir à Charles d'établir un prieuré de cet
ordre, lequel fut chargé, par une autre bulle, de des-
servir la Sainte-Baume.

Après Charles II, tous les comtes et comtesses de
Provence ont visité la sainte retraite (1) : en 1448,
Réné ordonna une vérification des reliques trouvées à
Saint-Maximin, et le cardinal de Foix y assista comme
commissaire délégué par le saint-siége qu'occupait
alors Nicolas V.

Indépendamment des rois de France, dont les noms
sont gravés sur la table de marbre placée au-dessus du
bénitier de la Sainte-Baume, plusieurs princes et prin-
cesses du sang royal vinrent faire leurs dévotions dans
ce lieu de prière où s'agenouillèrent aussi des souve-
rains pontifes. Ceux dont l'histoire a conservé les noms
sont : Jean XXII, Benoît XII, Clément VI, Inno-
cent VI, Urbain V, Grégoire XI, et Clément VII.

Marie d'Anjou, mère de Louis XI, Louise de
Savoie, mère de François I.ᵉʳ, et Claude de France,
sa première femme, accompagnées de la duchesse
d'Alençon, y vinrent en 1516 et gravirent la montagne
à pied. La duchesse de Mantoue, en passant en France,
en 1517, fit le même pélerinage avec une suite nom-
breuse ; enfin Eléonore d'Autriche, deuxième femme
de François I.ᵉʳ, entreprit aussi ce voyage, en 1533,

1) Papon, première partie, page 83.

avec le dauphin , depuis Henri II , et les ducs d'Or-
léans et d'Angoulême.

Deux incendies ont ravagé les bâtiments de la
Sainte-Baume : le premier en 1442 , et le second le 8
Avril 1683. La piété des fidèles contribua au réta-
blissement des édifices. Cette chapelle fut aussi dévastée
par deux fois en 1793 et en 1815 ; en 1817 quelques
personnes conçurent le projet de la racheter avec toutes ses dépendances, du domaine public, moyennant
cinquante mille francs. A cet effet, un appel fut fait
aux Provençaux ; des listes de souscriptions furent
envoyées dans toutes les localités ; mais le résultat fut
négatif et le projet s'évanouit. En 1819 elle fut restaurée et placée sous la surveillance du recteur de la
paroisse du Plan d'Aups. Deux ordonnances royales des
20 Janvier et 14 Mars 1821, rendirent ce local à la
dévotion des fidèles ; ce ne fut qu'un an après, le 27
Mai 1822, qu'eut lieu une nouvelle inauguration de
la chapelle ; le nombre des curieux qui assistèrent à
cette solennité, fut évalué à quarante mille.

La Sainte-Baume a été en grande vénération dans les
siècles passés, et les premières marques de respect des-
cendirent du trône ; comment le peuple de nos contrées '
déjà si impressionnable et si religieux, ne se serait-il
pas laissé aller à l'entraînement de toutes les cérémonies
imposantes dont la mémoire de sainte Magdelaine fut
l'objet ? La croyance des Provençaux fut entière, leur
foi fut profonde, et, malgré tant d'années écoulées, tant
de troubles et tant de versatilité dans les idées humai-
nes, ils conservent encore un grand sentiment de piété

pour la pénitente de la Sainte-Baume, sous la protection de laquelle ils placent leurs maisons et leurs familles.

L'asile de sainte Magdelaine fut de 1610 à 1611, le théâtre des exorcismes qui eurent lieu sur deux jeunes personnes : Magdelaine de Mandols, la Palud et l'une de ses compagnes qu'on prétendit avoir été ensorcelées par Gaufredy, prêtre bénéficier en l'église des Accoules de Marseille, lequel fut condamné à être brûlé vif, ce qui eut lieu à Aix le 30 Avril 1611.

Magdelaine de la Palud fut exorcisée à la Sainte-Baume, par Sébastien Michaëlis, vicaire général de la congrégation des frères prêcheurs de Saint-Maximin. Cet homme ignorant et crédule crut entendre un diable qui lui dit, *selon l'intention de l'église triomphante et militaire et d'à présent exorcisante* (1), que Magdelaine ne serait délivrée que lorsque Louis Gaufredy serait converti, ou mort, ou pris par la justice.

La vision et les révélations de ce même Michaëlis donnèrent lieu au procès qui se termina par le supplice de Gaufredy.

Les jours de grande solennité pour la Sainte-Baume sont, le lundi de Pentecôte et le 22 Juillet, jour consacré à la fête de sainte Magdelaine. C'est une chose curieuse à voir, ces jours-là, que l'aspect de cette solitude tout à coup envahie par vingt mille âmes parties des différents points de la Provence, se réunissant le même jour et presque à la même heure, par un même sentiment de plaisir et de dévotion, et encore les nom-

(1) Augustin Fabre, ouvrage cité, tome 2, page 228.

breuses confréries de pénitents que précèdent leurs
fanaux et leurs bannières, gravissant la montagne en
psalmodiant les louanges de Magdelaine. Ce sont choses curieuses à voir que l'arrivée et le départ de cette
bruyante multitude, disséminée sur tous les sentiers
qui sillonnent la plaine du Plan d'Aups, innombrable
et singulière cavalcade présentant le tableau le plus
large et le plus animé qui puisse s'offrir aux yeux.

En Provence les fiancés et les jeunes époux manquent
rarement de faire le pèlerinage de la Sainte-Baume ;
les uns y vont prier la sainte de favoriser leur union
future et les autres pour en obtenir la continuation de
leur lignée ; chaque couple marque son passage dans
l'une des parties de la montagne par l'édification d'un
castelet, petit monceau de pierres superposées les unes
sur les autres et qu'on ne manque pas d'aller reconnaître
lorsqu'on retourne aux mêmes lieux ; si le *castelet* est
encore debout après un an, on considère cela comme
une preuve que les vœux ont été exaucés.

Les habitants de la Provence ne sont pas les seuls
à vénérer la Sainte-Baume ; il y a une classe de compagnons, dits du *Devoir*, qui sont obligés, avant d'être
reçus dans le compagnonage, d'aller visiter la Sainte-
Baume. Pour prouver que le pèlerinage a été accompli,
ils sont tenus de montrer au moment de leur réception
le sceau de la Sainte-Baume que le garde de la chapelle
appose sur leur livret, et les rubans de Saint-Maximin (1) qui leur sont remis par la Mère reconnue en

(1) Ces rubans sont les mêmes que portent les compagnons du
Devoir les jours de fêtes.

cette résidence. Aussi chaque aspirant compagnon ne manque-t-il pas de s'inscrire sur le registre que le garde de la chapelle tient à la disposition des visiteurs. C'est un curieux album que ce livre; on y lit toute sorte de pensées avec toute sorte d'orthographe; j'ai lu sur une page ceci :

« Simon Lafranchise, dit Bourguignon, maréchalle, natife de Ligny, aspiran compagnion du Devoire, départemen de Lionne, a eu loneur de viziter la Sainte-Baume le. . . . . etc. Signé, Lafranchise. »

Et plus bas :

Toi qui guide ma barque à travers l'existence,
Qui réchauffe mon âme au feu de tes rayons,
Qui de la terre au ciel me montre la distance,
Toi fleur de mon sentier, rose de mes buissons,
Si tu voulais un soir, lorsque l'étoile tremble,
Lorsque dans le vallon flotte un vague zéphir,
O mes saintes amours! nos deux âmes ensemble
Iraient dans le désert confondre leur soupir.

Là, penché sur ton sein, je te dirai bel ange,
De ces suaves mots qui bercent mollement,
Et verserais sur toi le précieux mélange
De l'esprit du poète et du cœur de l'amant.

Ces strophes si mélodieuses étaient signées d'une main amie, celle d'Albert Maurin.

La Chapelle du Saint-Pilon a été fondée pour éterniser le souvenir du lieu où sainte Magdelaine allait prier tous les jours. Quelques âmes dévotes croient que la sainte était transportée de la Sainte-Baume au Saint-Pilon par des anges qui assistaient à ses prières. Cette

chapelle a été plusieurs fois restaurée par les soins de
personnes pieuses.

Diane de Forbin, dame de Cuges, fit faire un réta-
ble l'an 1618. En 1647 cette même chapelle fut restaurée et ornée de marbres par les ordres de Eléonore,
Catherine, Ebronie de Bergues, épouse de Frédéric
Maurice de Latour d'Auvergne, prince de Sédan. En
revenant d'Italie, en 1647, elle fit cette pieuse fonda-
tion ; mais cet ouvrage n'ayant pas été achevé, le cardinal de Bouillon, grand aumônier de France, fils
de la donatrice, le fit reprendre en 1686, comme
l'indique l'inscription suivante qui était autrefois placée
sur la porte extérieure :

In honorem B. Mar. Magd.

In extasim raptæ,

Eleono de Begues, Frederi Mauritii

Bullionii ducis conjux

Ex Italia radiens jussit opproni anne 1647.
Emmanuel Théodorus, ejus filius à Turre Averniæ
S. R. E. C. Bullionius magnus Franciæ eleemosina-
rius cum in provincia sedaret opus neglectum absol-
vit anno 1686.

C'est-à-dire :

En l'honneur
De la bienheureuse Marie-Magdelaine,
Ravie en extase en ce lieu
Etabli l'an 1647,
Par Eléonore de Bégues, épouse de Frédéric
Maurice, duc de Bouillon,
A son retour d'Italie.

Emmanuel Théodore de la Tour d'Auvergne, S. R. E. comte de Bouillon, son fils, grand aumônier de France, pendant son séjour en Provence, a fait achever l'an 1686 cet ouvrage que l'on avait abandonné.

Le Saint-Pilon a reçu les mêmes atteintes que la Sainte-Baume; plusieurs fois ce monument religieux a été renversé par des mains sacriléges.

La Grotte aux OEufs, dont j'ai parlé dans la première partie de cette notice, a aussi son historique; le nom de cette grotte a donné lieu à plusieurs versions qu'il n'est pas sans intérêt de rapporter.

Les uns prétendent que le nom de *Grotte aux OEufs* a été donné à cette excavation à cause de sa forme ovoïde; d'autres disent qu'il faut l'attribuer à la forme des stalactites qu'on y trouve. On rapporte aussi qu'elle fut découverte par un des moines qui habitaient le couvent; que cette découverte l'ayant retardé dans sa promenade, il ne rentra au monastère qu'après l'heure du dîner, contravention aux règles établies pour laquelle il fut condamné à ne faire son repas qu'avec des œufs. De là, la qualification de la grotte.

Enfin les visionnaires, ceux qui rattachent toujours aux faits les plus simples, les causes les plus extraordinaires, veulent que sainte Magdelaine, pendant sa longue pénitence, ait ramassé soigneusement tous les œufs des reptiles et ceux des insectes venimeux, qu'elle les ait déposés dans cette grotte où ils périssaient avant l'incubation, ce qui justifie, ajoutent-ils, l'absence remarquée de ces animaux.

Plusieurs ouvrages ont été écrits sur la Sainte-Baume.

Pétrarque en fit une description qu'il adressa à Philippe de Cabassole, cardinal et évêque de Cavaillon. Mais la plus curieuse de toutes les créations de l'esprit est, sans contredit, celle d'un religieux carme que Millin appelle Jean-Louis Barthelemy, né à Valréas en Provence, en 1626 ; « ce religieux, dit l'auteur du Voyage dans le Midi, perdit à dix-huit ans, au bout de quelques semaines de mariage, une épouse qui lui était chère; alors il quitta le monde et se renferma chez les Carmes de Valréas où il charma sa douleur en composant un poëme sur la sainte, qui était la patronne de celle qu'il pleurait. Ce poëme est intitulé : *La Magdelaine au désert de la Sainte-Baume en Provence* , poëme spirituel et chrétien, en douze livres; Lyon 1661; rien de plus singulier que l'amour mystique de ce religieux; les yeux de la sainte sont, selon lui, des chandelles fondues ; ses cheveux blonds, dont elle essuie les pieds du sauveur, sont des torchons dorés; ses larmes de l'eau-de-vie; il parle d'Hercule et de Vénus, etc.

Ces citations, toutes singulières qu'on les trouvera, ne donneraient encore qu'une idée imparfaite de cet ouvrage amusant où le burlesque l'emporte sur la piété de l'auteur qui est pourtant bien grande; je puis en ajouter quelques unes. Ce livre, fort rare de nos jours, s'est trouvé dans la bibliothèque de l'un de mes amis (1), c'est une édition postérieure à celle dont parle Millin; elle est de 1700; l'auteur y est désigné sous le nom de P. Pierre de Saint-Louis, religieux carme de la pro-

(1) M. Bouillon-Landais, possesseur d'une curieuse collection de livres anciens.

vince de Provence, édition approuvée par toutes les
autorités ecclésiastiques de l'époque et dédiée à Mme
de Lablache Gabrielle de Levi, dont la famille a la
singulière prétention d'être alliée à sainte Marie, mère
de Jésus-Christ. L'auteur, en parlant de la Sainte-
Baume, s'exprime en ces termes :

« Se tenant (la Magdelaine), au-dessus de cet affreux
   rocher,
» Son d'ome, son couvert, son lambris, son plancher,
» Sa chambre, sa maison, son cabinet, sa sale,
» Son toict, son pavillon et son impériale ;
» Son palais, son jardin, son champ, sa basse cour,
» Son château, son rempart, son donjon et sa tour ;
» Son alcove, son lit, son fort, sa citadelle,
» Son temple, son autel et toute sa chapelle,
» Où la nuit par un trou tout à fait obligeant,
» La lune lui fournit une lampe d'argent ;
» Puis le soleil son frère, à l'ordinaire,
» Vient par ce même endroit prêter le luminaire (1) ; »
Plus loin la Magdelaine s'adressant à Jésus-Christ,
lui dit :
« Je ne mérite pas que le soleil s'afflige
» Comme du temps qu'il vit cet effrayant prodige ;
» Quand vous fûtes réduits jusqu'aux derniers abois
» Et contraint d'expier sur cet infâme bois,
» Couvrant d'un crêpe noir sa *perruque* dorée,
» A qui la vôtre était à bon droit comparée (2). »

(1) Livre 2, page 16.
(2) Livre 2, page 23

Dans le portrait que l'auteur fait de la Magdelaine,
il exalte ainsi la beauté de sa chevelure :

« O fortunés cheveux, perruque bienheureuse,
» Autant comme autrefois vous fûtes dangereuse ;
» Ton poil au poids de l'or, malheureux *Absalon*,
» N'a rien de comparable au poil de Madelon ;
» Car en prenant le ciel, le sien lui fait tout prendre
» Et le tien ne te sert que pour te faire pendre (1). »

Et puis, s'adressant aux dames, il s'écrie :

« Pécheresses, voyez celle qui vous convie
» A changer aussi bien comme elle fait de vie.

. . . .

» Pourrez-vous pas aussi dire un dernier adieu
» A tout ce qui paraît contraire aux lois de Dieu ?
» Ne quitterez-vous pas telle et telle pratique
» Où.... vous m'entendez bien, sans que mieux je
     m'explique.

. . . .

» Fumiers couverts de neige, amantes précieuses
» Des sépulcres blanchis, figures spécieuses,
» Pour qui conservez-vous ce visage blafard
» Que vous tenez caché sous l'écorce du fard ?
» Vaines divinités de céruse et de plâtre
» Faites-vous des onguents de Marie un emplâtre
» Qui vous soit appliqué par d'autres médecins
» Que ceux qui vous ont mis tous ces noirs assassins. »

L'auteur, poursuivant, dit aux hommes :

« Idolâtres amants de charongnes pompeuses

(1) Livre 5, page 82.

» Qu'enchaînent par leurs chants ces sirènes trom-
    peuses ,
» Sachez qu'en vous serez de ce monde banni s
» Qu'elles vous pleureront comme leur adonis.

. . . .

» Venez ici, mortels de qui l'âme souillée
» A besoin d'être en tout et lavée et mouillée ;
» Faites une *lessive* auprès de ce tombeau
» Qui fournira la *cendre* et vos yeux toute l'*eau* ;
» Elle sera sans doute aussi blanche que bonne
» Si la contrition la *frotte* et la *savonne* ;
» Quand pour Dieu seulement et la nuit et le jour
» Vous la ferez *couler* au feu de son amour (1). »

Il serait difficile de faire un abus plus grand de
la métaphore ; je n'en finirais pas si je voulais citer
tout ce que ce poëme renferme de plaisant et de facé-
tieux ; il a pourtant été composé avec la meilleure foi
du monde et beaucoup de passages sont d'une naïveté
par trop licencieuse. Cela ne prouve qu'une chose :
c'est qu'au dix-septième siècle l'ignorance était bien
grande encore parmi les religieux de certains ordres.

Pour terminer avec l'histoire de la Sainte-
Baume, je dirai que le bois avait toujours été res-
pecté. Des anciennes ordonnances *défendaient sous
des peines très-sévères, de toucher aux arbres même
pour les besoins de la marine.* Ces mesures étaient
sages et dictées par un esprit de conservation et de
prévoyance, que nous Provençaux devions d'autant
plus apprécier que les bois sont très-rares dans nos

(1) Livre 10, page 167.

contrées. Aussi est-ce avec un sentiment de douleur
que nous avons vu en parcourant la montagne, des
arbres séculaires abattus par la hache fiscale. Le gou-
vernement du roi qui se montre protecteur des arts
et désireux de conserver les monuments antiques,
devrait aussi étendre sa protection sur cette forêt en
faisant cesser des coupes qui sont d'un mince profit
pour le trésor et qui tendent à détruire les germes
d'une foule d'observations que les naturalistes vont
faire périodiquement dans ce lieu privilégié.

Disons enfin, que si la Sainte-Baume a peu perdu
de ses beautés naturelles, si elle conserve encore toute
la poésie d'une majestueuse création, elle a beaucoup
perdu de ses monuments et de sa physionomie religieuse. Le vandalisme de toutes les époques y a exercé
ses ravages; à chaque pas on rencontre avec des ruines
des traces de nos dissensions politiques, et le cœur est
navré en voyant dans ce site, auquel se rattachent
de si pieux souvenirs, tant de mutilations causées par
la main des hommes. Vainement on voudrait détourner
ses regards d'un spectacle qui matérialise l'espèce
humaine; de quel côté qu'ils soient fixés, on voit
toujours des profanations barbares! et ne fut-ce que
sous le point de vue artistique, on ne saurait trop
flétrir les auteurs de ces lâches attentats contre des
monuments destinés à voir passer les siècles et à trans-
mettre aux générations futures, l'histoire des générations éteintes.

FIN.

ERRATA.

Page 10 ligne 17 lisez : *fumes.*

  « 15 « 14 lisez : *l'agon.*

  « « « 15 lisez : *l'asculi.* .

  « « « 16 lisez : *le batticus, le plaas.*

  « 17 « 18 lisez : *l'engoulevent.*

  « 18 « 24 lisez : *seau.*

  « 21 « 20 lisez : *qui couvre Toulon de ce côté ;*

  « 25 « 21 lisez : *dominicæ.*

  « « « 22 lisez : *Odoino piissimo.*

  « 59 « 16 lisez : *militante.*

  « 41 « 12 lisez : *toi qui guides.*

  « « « 13 lisez : *qui réchauffes.*

  « « « 14 lisez : *me montres.*

  « 42 « 18 lisez : *rediens jussit apponi anno.*

  « 47 « 3 lisez : *quand.*

  « « « 14 lisez : *je ne finirais pas.*

  « « « 21 lisez : *pour en terminer.*

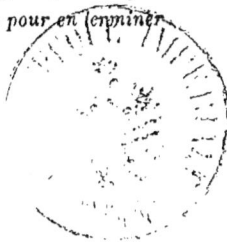

BIBLIOTHEQUE NATIONALE DE FRANCE

3 7531 04426093 4

www.ingramcontent.com/pod-product-compliance
Lightning Source LLC
LaVergne TN
LVHW022028080426
835513LV00009B/916